Verlag Frank-Daniel Schulten

Lina Fack

Die schwarze Frau auf dem Königsstuhl und andere Rügener Sagen

Verlag Frank-Daniel Schulten

Die Originalausgabe erschien 1920 zu Greifswald unter dem Titel *„Rügens Sagen“* (Auflage 8-10.000).

Lektorat und sprachliche Überarbeitung des Ursprungstextes: Frank-Daniel Schulten.

1. Auflage, Juni 2017.

www.syltheld.de
www.fulcanelli.de
Druck: BoD GmbH, Norderstedt.
Umschlaggestaltung: Grete C. Söcker, Emden.
unter Verwendung einer Photographie aus der Sammlung von Sabine Hilbrandt.

Printed in Germany.
ISBN 10: 3-932961-35-8.
ISBN 13: 978-3-932961-35-9.

INHALTSVERZEICHNIS

Meinen lieben Enkelinnen
Ursula und Elisabeth Fack

Vorwort zur ersten Auflage

Das fortwährende Interesse der alljährlichen Besucher der schönen Insel Rügen für deren Sagenreichtum läßt eine kleine Ausgabe von Rügensagen wünschenswert erscheinen.

Auf Grundlage der *„Volkssagen Pommerns und Rügens"* von J. D. H. Temme der *„Märchen und Jugenderinnerungen"* von Ernst Moritz Arndt, und teils nach mündlichen Überlieferungen, hat die Herausgeberin des vorliegenden Büchleins die Sagen Rügens zusammengestellt.

Zur Romantik im Leben eines jeden Volkes gehört die Sage; sie bezeichnet ihm in gewissem Sinne Vergangenheit, Gegenwart und Zukunft. Der Vergangenheit gehört die historische Sage an, die Tatsachen und Ereignisse überliefert, der Gegenwart die, die zum Teil historisch mit noch vorhandenen Gegenden, Ortschaften oder Denkzeichen verbunden ist; der Zukunft wird sie bedeutungsreich durch Prophezeiungen, Ahnungen, Andeutungen über das künftige Geschick eines Volkes, gewisser Gegenden, Städte, Dörfer oder bestimmter Familien.

Sie steht immer in naher Beziehung zu dem Volk, dem sie angehört, aus dem sie hervorgegangen ist, das sie in sich aufgenommen und oft mit poetischem Gewande umgeben hat.

Im Vorwort zu den Deutschen Sagen der Gebrüder Grimm heißt es: „Die Sage ist des Volkes liebstes Kind geworden und eben dadurch sein Schutzgeist."

Sie taucht immer wieder aus längst verklungnen Zeiten auf, um wunderbar zu rühren des Volkes Herzenssaiten.

Eckernförde 1908.
Lina Fack

Die Langobarden auf Rügen

In Norwegen herrschten in uralten Zeiten einmal große Teuerung und Hungersnot. Da traten die starken Männer mittleren Alters auf und forderten, daß die alten und jungen Leute, männliche und weibliche, getötet würden, damit sie nicht alle Hungers sterben müßten. Eine edle, verständige Frau jedoch, mit Namen Gamboir, riet davon ab und sagte, man solle lieber das alte und junge untüchtige Volk zusammentun und das starke ebenfalls und dann das Los darum werfen, wer aus dem Lande ziehen solle. Die das Los träfe, denen würden die Götter schon gute Wege zeigen. Solches gefiel ihnen allen, und sie warfen das Los. Das traf die starken, und diese mußten nun fortziehen.

Nach langem Umherschweifen kamen sie endlich zu der Insel Rügen, wo sie bald die Rügener vertrieben und sich auf der Insel festsetzten. Auf der Reise hatten sie ihre Bärte lang wachsen lassen; sie nannten sich deshalb die Langbärte, welchen Namen sie behielten. – Einige von ihnen sollen die Stadt Barth in Vorpommern gegründet haben, die in ihrem Wappen ein Haupt mit langem Barte führt.

Die Langbärte haben unter fünf Herrschern auf Rügen und dem gegenüberliegenden Festland gewohnt. Als ihrer aber wieder zu viele für die Erträgnisse des Landes wurden, zog der größte Teil von ihnen fort; zuerst an die Elbe, dann an die Donau und zuletzt nach Italien, wo sie ein Land einnahmen, das nach ihnen *Longobardei* – die jetzige *Lombardei* – benannt ist.

Die ehemals vertriebenen Rügener oder Rugier hatten sich nach Hinterpommern geflüchtet, wo sie die Stadt Rügenwalde erbauten. Dort lebten sie ruhig, bis die Mehrzahl der Langbärte das Rügenland geräumt hatte; dann machten sie sich auf, überfielen die zurückgebliebenen Langbärte und nahmen ihre Heimat wieder ein. Jene aber zerstreuten sich überall im Lande und wurden von nun an Vandalen genannt.

Die Corveyer Mönche auf Rügen

Unter dem Kaiser Ludwig dem Deutschen, im 9. Jahrhundert, wurden die Wenden zuerst zum Christentum bekehrt. Der Kaiser forderte viele Mönche und Priester auf, zu ihnen zu gehen und ihnen das Evangelium zu predigen. So kamen etliche Mönche aus dem Kloster Corvey (in Westfalen) nach Rügen, predigten dort und bekehrten die Rügener zum Christentum. Sie bauten darauf eine Kirche, die sie Sankt Vit weihten, dem Patron ihres Klosters zu Corvey, den sie auch den Rügenern zum Patron ihrer Kirche gaben.

Die Insel Rügen selbst ließen sie sich vom Kaiser zum Geschenk machen; der Schenkungsbrief soll noch vorhanden sein. Nach einiger Zeit kehrten die Mönche in ihre Heimat zurück. Die von ihnen auf Rügen gelassenen Vögte fingen an, grausam mit den Neubekehrten zu verfahren, so daß diese vom Christenglauben wieder abfielen, die Vögte verjagten und sich weigerten, dem Kloster von Corvey ferner Tribut zu zahlen. Doch behielten sie ihren Sankt Vit, wenn auch nicht als christlichen Heiligen, sondern als einen heidnischen Gott, den sie Swantevit nannten und dem sie zu Arkona einen Tempel erbauten.

Nach diesem Swantevit machten sie sich noch andere, geringere Götzen, die sie zu Carenza verehrten. Nach dem heiligen Vitus soll auch die Rügensche Halbinsel Wittow ihren Namen erhalten haben, indem man sie anfangs Vitow, d. h. „Vitsland" nannte. Die Rügener verblieben im Heidentum bis 1168; erst dann wurden sie von den Dänen zum Christentum bekehrt.

Die Fünte bei Swantow

Südlich auf Rügen liegt das Dorf Swantow, das seinen Namen nach dem Götzen Swantevit erhalten haben soll, dem auch hier ein Tempel errichtet war. In dem nahe beim Dorf befindlichen Teich sollen die ersten Christen auf der Insel getauft worden sein, zu der Zeit, als die Corveyer Mönche die Bewohner Rügens zum Christentum bekehrten.

Swantevit und Arkona

Auf der nördlichsten Spitze von Rügen, der Halbinsel Wittow, stand ehemals die Hauptstadt und Festung Rügens, Arkona. Auf steilem Felsen, unmittelbar am Meere gelegen, war sie im Norden, Osten und Süden mit einer natürlichen Schutzwehr versehen, da die Felsabhänge hohe, feste Mauern bildeten; im Westen umgab sie ein fünfzig Ellen hoher Wall, dessen untere Hälfte aus Erde und Lehm bestand, die obere aus Planken, die von innen mit großen Erdmassen verschüttet waren.

In der Mitte der Stadt, auf ebener Fläche, stand der Tempel der obersten Gottheit der Rügener, Swantevit, weshalb die Stadt Arkona im ganzen Lande besonders heilig gehalten ward. Der Tempel war aus Holz erbaut, außen mit Bildschnitzwerk versehen, das rot ausgemalt war, und er hatte ein rotes Dach. Nur ein Eingang führte hinein; den eigentlichen Tempel umgaben doppelte Schranken, von denen die äußere aus einer dicken Wand bestand, die innere aus vier stützenden Pfeilern, deren Wände aus kostbaren, niederhängenden Teppichen gebildet waren.

Im Innersten des Tempels stand das riesenhafte Götzenbild des Swantevit. Es hatte vier Köpfe auf ebensovielen Hälsen, von denen zwei gegen die Brust und zwei gegen den Rücken gerichtet waren, jedoch so, daß je ein Gesicht zur Rechten und eines zur Linken zu blicken schien.

Jedes Gesicht trug einen Bart, der wie das Haupthaar kurz geschoren war. In der rechten Hand hielt der Götze ein aus verschiedenen Metallarten verfertigtes, großes Trinkhorn, das sein Priester alljährlich mit Met zu füllen hatte, aus dem dieser die Fruchtbarkeit des Jahres weissagte. Der linke Arm war in die Seite gestemmt und bildete einen Bogen. Das Gewand des Götzen reichte bis auf die Schienbeine, die aus verschiedenen Holzarten bestanden; die Füße standen mit dem Erdboden gleich, da der Sockel, auf dem sie befestigt waren, in den Boden eingelassen war. In seiner Nähe hingen Sattel und Zaum seines heiligen Rosses sowie sein sehr großes Schwert, dessen Griff und Scheide von Silber und mit Figuren aus feiner, eingelegter Arbeit verziert waren. Außerdem hingen an den Wänden auf purpurnen Decken Hörner von wilden Tieren und die verschiedensten Gegenstände aus Gold und Silber umher, die dem Gott von nah und fern dargebracht wurden. Alljährlich feierte man ihm zu Ehren ein Opferfest; weil er besonders als Gott des Sieges und der Fruchtbarkeit verehrt wurde, versammelte sich das

Volk jährlich nach der Ernte vor dem Tempel zum Opfern und Opferschmausen. Der Oberpriester, der gegen die Landessitte Bart und Haupthaar ungeschoren trug, hatte am Tage vorher das Innerste, das Heiligtum des Tempels, das nur er allein betreten durfte, mit einem Besen aufs sorgfältigste gereinigt, wobei er nicht Atem schöpfen durfte. Sobald er ein- und ausatmen mußte, eilte er zum Ausgang, in die durch die Außenwände gebildete Halle, denn er durfte die im Inneren gegenwärtige Gottheit nicht durch menschlichen Hauch bei seiner Arbeit beflecken.

Am folgenden Tag lagerte das versammelte Volk sich außen um den Tempel. Der Priester sah in das Trinkhorn des Götzen; war es noch voll von dem im vorigen Jahre hineingegossenen Met, so bedeutete dies ein bevorstehendes fruchtbares Jahr; fehlte hingegen etwas vom Inhalt, dann standen Teuerung und Hungersnot in Aussicht, und er gebot dem Volke, möglichst viel Getreide aufzubewahren. Nun goss er den Met als Trankopfer vor die Füße des Götzen, füllte das Horn mit frischem Met, flehte um Segen für das Land und Sieg gegen die Feinde, und leerte das Gefäß, ohne abzusetzen; dann füllte er es wieder und gab es dem Bildnis in die Hand.

Nachdem er dem Volk die Weissagung kundgetan hatte, ermahnte er es zur standhaften Verehrung Swantevits und zu fleißiger Darbringung von

Opfern. Darauf begann das Opfermahl und Gelage des Volkes, bei dem viel Unmäßigkeit stattfand.

Zur Erhaltung des Kultes und der dazu gesetzten Priester mußte jeder Mann und jede Frau im Lande jährlich ein Geldstück opfern; auch erhielt Swantevit von jedem Sieg den dritten Teil der Beute, weil man glaubte, daß er mit in der Schlacht gewesen sei und den Sieg hatte erfechten helfen. Ferner hatte er dreihundert Pferde zum alleinigen Eigentum; alles, was durch sie verdient und alle Beute, die mit ihnen gemacht wurde, fielen ihm zu. Hierdurch war im Inneren des Tempels großer Reichtum angehäuft, der in starken Truhen mit vielen Schlössern verwahrt lag, wozu noch die kostbaren Geschenke kamen, die ihm, sogar von fremden Herrschern, gemacht wurden.

Swantevit hatte ein ihm besonders geheiligtes, großes, schneeweißes Pferd. Niemand als der Oberpriester, der es auch füttern mußte, durfte darauf reiten oder Mähne und Schweif berühren. Auf diesem Rosse zog der Gott des Nachts, so meinte das Volk, ganz allein gegen die Feinde des Landes und Glaubens aus, verfolgte und tötete sie. Denn oft fand sich des Morgens das Pferd mit Staub und Schweiß bedeckt, als hätte es einen weiten Lauf gemacht. Dasselbe Pferd wurde auch zu Weissagungen benutzt. Wollte das Volk gegen den Feind ins Feld ziehen, wurden vorher neue Speere und Stangen in die Quere auf die Erde gelegt, über die der Oberpriester das Pferd dreimal hinwegführte. Schritt es jedes Mal mit dem rechten Fuß zuerst vor, und berührte dabei die Stangen und Speere nicht, so deutete das auf einen glücklichen Ausgang des Feldzuges, berührte es sie jedoch oder schritt zuerst mit dem linken Fuße vor, so war dies ein Zeichen für Unglück im Kriege.

Das Götzenbild Swantevits hat 330 Jahre lang im Tempel zu Arkona gestanden. Im Jahre 1168, am 15. Juni, zerstörte König Waldemar I. von Dänemark unter Beihilfe des Bischofs Absalon von Roskilde und einer großen Streitmacht die Stadt Arkona und den Tempel des Götzendienstes. Er ließ Swantevits Bild in Stücke schlagen, die von den dänischen Soldaten unter ihren Kochkesseln verbrannt wurden. Als die Rügener ein solches schmähliches Ende ihres verehrten Gottes sahen, von dem sie erwartet hatten, daß er die Feinde zerschmettere, ließen sie vom Glauben an ihn ab und sich willig zum Christentum bekehren.

Der Rest der Stadt Arkona soll später ins Meer gesunken sein, auf dessen Grund sie noch ruht.

Die Götter in Carenza

Die Rügener verehrten neben ihrem obersten Gott Swantevit noch drei andere Gottheiten, die unter ihm standen, denen sie in Carenza, der jetzigen Stadt Garz, je einen Tempel erbaut hatten; sie hießen Rugivit, Borevit und Porenut.

Rugivit, der Gott des Krieges, war aus einem starken Eichbaum gehauen und hatte sieben Gesichter, die mit einem Hute bedeckt waren, unter dem die Schwalben nisteten. Sein Körper war von übermenschlicher Dicke und Größe und von abschreckender Häßlichkeit; an seiner Seite hingen sieben Schwerter, ein achtes hielt er drohend in der rechten Faust.

Borevit oder Porevit, der Gott des Wetters oder des Waldes, hatte fünf Köpfe und keine Waffen.

Porenut, der Gott des Donners, besaß vier Köpfe und außerdem ein Gesicht auf der Brust; mit seiner linken Hand berührte er die Stirn, mit der rechten das Kinn des letzten Gesichtes.

Alle drei Götter belegten den Ehebruch der Rügener, den sie als größte Sünde betrachteten, mit den härtesten Strafen; jeder, der sie begangen hatte, wurde außerdem noch absonderlich gekennzeichnet.

Der Herthasee

Unfern Stubbenkammers auf Jasmund liegt malerisch im dunklen Buchenhain verborgen der stille Herthasee, umgeben von einem hohen Burgwall, den Überresten der ehemaligen Herthaburg. In dieser verehrten die ältesten Rügener ein Götzenbild der Göttin Hertha, die sie sich als die Mutter Erde vorstellten. – Die Herthaburg ist als früheste Kultstätte auf Rügen zu betrachten.

Alljährlich badete die Göttin einige Male im Herthasee. Sie fuhr in einem mit weißem Schleier verhüllten und von zwei weißen Kühen gezogenen Wagen dorthin. Ihr geweihter Priester nur durfte sie begleiten; die Sklaven, die zum Lenken der Zugtiere benutzt wurden, mußten, nachdem sie ihren Dienst verrichtet hatten, im See ertränkt werden, denn wessen ungeweihte Augen einmal die hohe Göttin erblickt hatten, der war dem Tode verfallen.

Es heißt noch jetzt, daß in mondhellen Nächten bisweilen eine schöne weiße Frau aus dem Wald, in Richtung der Herthaburg, hervorkommen soll, von vielen Dienerinnen zum See begleitet, um darin zu baden. Sie verschwinden alle im Wasser, und man hört nur das Plätschern darin. Nach einer Weile kommen sie wieder hervor und kehren, mit großen weißen Schleiern bedeckt, zum Walde zurück. Den nächtlichen Wanderer, der dies einmal erschaut, zieht es mit Gewalt zum See, in dem die weiße Frau badet; sobald er aber das Wasser berührt hat, ist es um ihn geschehen, es zieht ihn hinein und verschlingt ihn.

Die Kirche zu Gingst

In dem an der Westseite Rügens gelegenen Ort Gingst stand ehemals eine schöne, schon zu Zeiten Jaromar I. zu Ende des 12. Jahrhunderts erbaute Kirche, die aus starken Mauern ausgeführt war, große Schwibbogen und einen sehr hohen Turm hatte. Vor ungefähr dreihundert Jahren wurde sie in einem furchtbaren Gewittersturm in einen Trümmerhaufen verwandelt. Ursprünglich sollte die Kirche an einer anderen Stelle erbaut werden, auf dem Berge hinter dem Dorfe Volgevitz, der Insel Ummanz gegenüber, um auch diese dem Kirchspiel mit einzuverleiben.

Der Abt zu Pudagla, der Stifter der Kirche, hatte das Bildnis des heiligen Jacobus, dem sie geweiht sein sollte, schon auf jenem Berg errichten lassen. Am anderen Morgen jedoch fand man das Bild dort nicht mehr vor, es hatte sich selbst nach Gingst begeben und stand dort an der Stelle, wo sich jetzt die Kirche befindet. Es wurde zum Berg bei Volgevitz zurückgebracht, aber dreimal befand es sich am Morgen wieder in Gingst auf der gleichen Stätte. Nun erkannte man den Willen des Himmels, daß hier die Kirche stehen solle, und um dieses Wunders willen wurde die Kirche zu Gingst erbaut.

Das Feuer in Garz

In der Stadt Garz auf Rügen lebte einstmals eine böse Zauberin. Aus Furcht, daß ihre Untaten und Zauberkünste ihr einmal harte Strafen bringen könnten, beschloß sie, sich selber zu verbrennen. Sie setzte deshalb ihr Haus durch Zauberei in Brand, schloß sich darin ein und war durch niemanden zu bewegen, hinauszugehen. Durch dieses Feuer verbrannten dann noch acht Häuser und zweiundfünfzig Buden in Garz am 31. August 1692.

Das Zeichen am Turm zu Bergen

Am Kirchturm zu Bergen auf Rügen sieht man an der Westmauer das steinerne Bild eines Mönches, der ein Kruzifix in der Hand hält. Das Bild ist oben zugespitzt, und auf dem Kopfe des Mönches befindet sich ein Zapfen. Der Baumeister des Turmes hat berechnet, daß dieser Zapfen in gleicher Höhe mit der Turmspitze der Marienkirche zu Stralsund sei; zum Wahrzeichen hat er das Mönchsbild eingemauert.

Treue Liebe

Im Jahre 1644 wurde Samuel Heinrich Sauerfeldt, aus Mecklenburg gebürtig, zum Pastor in Gustow auf Rügen gewählt. An seine Wahl war von der Gemeinde die Bedingung geknüpft worden, daß er entweder die Witwe des verstorbenen Predigers oder dessen erwachsene Tochter heirate, mit welcher Bedingung er einverstanden war.

Die Witwe hatte nun anfangs erklärt, daß sie verzichte, da sie sich schon zu alt zum Heiraten fühle; sie bestimmte daher ihre Tochter Margarete zur Frau des künftigen Predigers und machte schon Vorbereitungen, den Witwensitz zu beziehen. Als sie aber den hübschen, jungen Pastor sah, nachdem er eben seine erste Predigt gehalten hatte, spürte sie plötzlich in ihrem Herzen eine starke Neigung zu ihm. Bei seiner Bewerbung um die Hand ihrer Tochter antwortete sie ihm: „Nee, ick will den Herrn sülwst!“ Der mittellose, junge Prediger durfte die eben erlangte Pfarre nicht wieder verlieren; ihm blieb deshalb nichts anderes übrig, als sich mit der Witwe, statt mit deren Tochter trauen zu lassen. Wenn er später scherzhaft zu ihr sagte: „Mütterchen, Gott schenke Euch das ewige Leben!“, hat sie ihm stets geantwortet: „Und Euch auch; ich werde auch im Tode nicht von Euch lassen!“

Nach fünfundzwanzigjähriger Ehe starb die Frau im Alter von 74 Jahren. Bald nach ihrem Tode heiratete der Pastor eine hübsche Jungfrau, Katarina Vetters, die hinterlassene Waise des Diakons zu Bergen.

Nach kaum einem Jahr, 1670, aber raffte ein jäher Tod den gesunden und sehr glücklichen Ehemann, 54 Jahre alt, dahin, nachdem er sechsundzwanzig Jahre lang ein treuer Seelsorger der Gustower Gemeinde gewesen war. Die Leute sagten, seine erste Frau hätte ihn nachgeholt. Bald folgte ihm auch seine junge Frau ins Grab.

Der Mägdesprung

Auf dem Rugard bei Bergen liegt ein Stein, auf dem die Spuren eines Frauenfußes und eines Peitschenschlags zu erkennen sind. Diese Spuren sollen auf folgende Weise entstanden sein: Auf dem Rugard traf einst ein Junker, ein frecher, aufdringlicher Mensch, eine schöne Jungfrau, die er mit seinen falschen Liebesbeteuerungen bestürmte, so daß sie sich seiner kaum erwehren konnte. Als sie zuletzt gar keinen Ausweg mehr sah, ihm zu entkommen, sprang sie in ihrer Angst von dem Stein, auf dem sie stand, hinunter ins Tal. Der Junker ward darüber so zornig, daß er wie unsinnig mit seiner Reitgerte auf den Stein schlug.

Wunderbarerweise war die Jungfrau unversehrt unten im Tal angekommen; von Stund' an aber war die Spur ihres Fußes und eines Peitschenhiebes in dem Stein abgedrückt.

Die Insel Hiddensee

Nordwestlich von Rügen liegt die langgestreckte Insel Hiddensee, auch Hiddens-Oie genannt, die in alten Zeiten mit Rügen zusammengehangen hat und durch eine der frühesten Sturmfluten abgetrennt worden ist. Wann das geschah, ist nicht bekannt; wohl aber hat sich über die Art und Weise der Abtrennung im Volksmund eine Sage gebildet und erhalten:

Im grauen Altertum lebten an dieser Seite Rügens zwei Frauen, die eine fromm und mildtätig, die andere böse und geizig. An einem stürmischen, regnerischen Herbstabend kam zu der letzteren ein fremder, alter Mann, hungrig und zerlumpt wie ein Bettler und fast erstarrt von Kälte und Regen. Er bat sie, ihm ein Nachtquartier zu geben, damit er sich trocknen und wärmen könne, und um ein Stückchen trocknen Brotes, seinen Hunger zu stillen. Die Geizige aber schalt ihn und trieb ihn mit bösen Worten in die Sturmnacht wieder hinaus.

Nun ging der alte Mann zu der frommen Frau und trug ihr seine Bitte vor. Sie nahm ihn auf, pflegte ihn und teilte fast den letzten Bissen mit ihm, obschon sie selber arm war. Am nächsten Morgen hatte er sich erholt und konnte bei nun trockenem Wetter weiterwandern. Beim Abschied dankte er ihr für die Wohltat, die sie ihm erwiesen hatte und sagte, sie solle es nicht umsonst getan haben, denn das erste Werk, das sie nach seinem Fortgang anfinge, würde ihr den ganzen Tag gelingen. Die Frau freute sich, ein gutes Werk getan zu haben, und dachte über seine Worte nicht weiter nach, weil sie ihn für einen gewöhnlichen Bettler hielt.

Sie wollte nun für eins ihrer Kinder ein Hemd nähen und ging deshalb an ihren Koffer, in dem sie noch ein Röllchen Leinwand liegen hatte, nahm eine Elle mit, um zu messen, ob es noch drei Ellen enthielte, denn soviel brauchte sie zu einem Hemd. Als sie aber anfing zu messen, sah sie, daß es noch mehr sei; sie hatte schon drei Ellen abgemessen und noch einmal drei Ellen, und wieder und wieder, und noch immer wollte das Röllchen nicht kleiner werden. Sie wunderte sich und maß weiter, wieviel Leinwand sie denn noch hätte; soviel sie aber auch abmaß, die Rolle Leinwand ging nicht zu Ende; und das Wunderbarste dabei war, sie mußte immerfort messen und konnte nicht aufhören, wenn sie auch gewollt hätte.

So mußte sie stehen und messen unaufhörlich; sie entsann sich nun der Worte des alten Mannes und freute sich über die immer mehr sich häufende, schöne Leinwand, für die bald kein Platz mehr in dem Häuschen war, die bis vor die Türe und sogar weit hinaus aufs Feld sich legte, alles aus dem kleinen Röllchen. Erst als die Sonne unterging, konnte sie aufhören zu messen; nun aber war sie eine reiche Frau und war fröhlich und dankbar.

Dieses merkwürdige Ereignis erfuhr alsbald die böse Frau, Mutter Hidden, die vor Neid fast barst. Sie hatte am Morgen den Bettler fortgehen sehen und sich die Richtung gemerkt, die er eingeschlagen hatte. Trotz des wiedererwachten Sturmes lief sie stundenlang ihm nach und holte ihn endlich ein, redete ihn mit heuchlerischen Worten an und bat ihn um Verzeihung, daß sie ihn nicht aufgenommen hatte; auch lud sie ihn ein, mit ihr zu kommen und in ihrem Hause zu übernachten. Da die Nacht bald hereinbrach und der alte Mann noch lange keine Herberge finden würde, willigte er freundlich ein und kehrte mit ihr zu ihrem Hause zurück, wo sie ihn mit dem Besten, was sie hatte, bewirtete. Denn sie wollte, daß er beim Abschied dasselbe zu ihr sagte wie zu der anderen Frau; eine Arbeit hatte sie sich in ihrem habgierigen Sinn schon ausgedacht, die sie auf einmal zu der reichsten Frau in der ganzen Welt machen sollte. Der alte Mann ließ sich die gute Pflege gar wohl gefallen, und als er am nächsten Morgen weiter wanderte, dankte er ihr für alles Gute und sagte auch zu ihr, „das Erste, was sie nun begönne, würde ihr den ganzen Tag gelingen“. Darüber freute die Frau sich übermäßig und wollte nun gleich anfangen, ihr Geld in ihrem Spartopf zu zählen. Damit aber nichts sie davon abhielte und sie alles im Hause hätte, ging sie noch erst vor die Tür, um einen Eimer aus dem Brunnen zu holen. Dabei geschah ihr etwas Seltsames; sobald sie einen Eimer Wasser oben hatte, floß er über und fiel um; sie schöpfte aufs Neue, aber immer wieder floß das Wasser über, und der Eimer fiel um. Wenn sie aufhören wollte zu schöpfen, wurde sie wie mit Gewalt zum Brunnen gezogen und mußte unaufhörlich bei derselben Arbeit bleiben. Durch das viele Wasser entstand ein See, der größer und größer wurde und bald das ganze niedrige Land überschwemmte. Erst als die Sonne unterging, konnte sie aufhören zu schöpfen. Nun aber war der See so groß geworden, daß er, aufgewühlt durch den Sturm, das Stückchen Land, das später nach ihr „Hiddensee“ genannt worden ist, von Rügen losgetrennt hatte. Die böse Frau aber verwünschte die Worte des Bettlers.

Die Insel Rattenort

Westlich von Rügen liegt die kleine Insel Ummanz, südlich von dieser die noch kleinere Insel Rattenort Von dieser berichtete man:

Vor vielen, vielen Jahren waren zu einer Zeit auf Ummanz so viele Ratten, daß die Einwohner sich zuletzt dieser nicht mehr erwehren konnten. Da erschien ein fremder Mann auf der Insel, der sich erbot, für eine tüchtige Summe Geldes die Ratten von der Insel zu vertreiben. Er lockte sie auf wunderbare Weise zusammen und trieb sie bei dem Dorf Wusse durchs Wasser auf die kleine Insel, die seitdem den Namen Rattenort erhalten hat. Auf Ummanz gab es von nun an keine Ratten mehr.

Der Name Putbus

Zur Zeit, als die Wendenfürsten noch auf Rügen herrschten, hatte ein jüngerer Sohn des regierenden Fürsten von diesem die Orte, die später Vilmnitz und Lanken genannt wurden, zum Eigentum erhalten. Als er seine Besitzung in Augenschein nahm, suchte er lange vergeblich nach einer Stelle, wo er seine Burg erbauen könne. Endlich kam er an einen mit Buschwerk bedeckten Berg, die Wusternitz genannt. Hier gefiel es ihm, daß er plötzlich ausrief: „Po de Buss!“, d. h. „hinter dem Busch“, und hiermit die richtige Stätte für den Bau seiner Burg bezeichnete. Der hier erbaute Stammsitz erhielt den Namen Podebuss, woraus später Putbus entstand, den auch der Besitzer annahm und das Fürstengeschlecht noch führt.

Die Poken und Kollen

Die Bewohner von Putbus und Umgegend nannten häufig die Einwohner der Halbinsel Mönchgut mit dem Spottnamen „Poken“, wogegen die Mönchguter die Putbuser „Kollen“ schimpften. Diese Namen entstammen der früheren Zeit, als die Rügener untereinander beständig in Fehde lebten. In ihren Kämpfen führten die Mönchguter große scharfe Messer, die sie Poken nannten, die Putbuser waren mit Streitkolben bewaffnet, die Kollen genannt zu werden pflegten.

Das Nonnenloch auf Mönchgut

Am äußersten Westende Mönchguts befindet sich ein Ufervorsprung, der Svantegard oder die „Heilige Gegend“ genannt. Hier war ehemals eine tiefe Grube, das Nonnenloch, die so tief gewesen sein soll, daß niemand ihren Grund finden konnte. Als sich in der Stadt Bergen noch ein katholisches Nonnenkloster befand, wurden die Nonnen, die sich schwer vergangen hatten, zu dieser Grube gebracht und hineingestürzt. Obwohl dies heimlich und bei Nacht geschah, haben die Mönchguter es doch erfahren; auch sollen häufig im Mondschein gespenstische Gestalten gesehen worden sein, die aus dem Nonnenloch heraufstiegen und es wehklagend umschwebten.

Der Dollgemost

Zum Fürstentum Putbus gehört ein Gehölz, der „Dollgemost“. Unter der Herrschaft des Wendenfürsten Jaromar I. hausten dort viele gefährliche Räuber, gegen die Jaromar mit seinen Mannen auszog und sie in dem Gehölz erschlug. Weil dabei von den Kämpfenden toll gehaust war, wurde es Dollgemost genannt, da hausen „mosten“ hieß.

Die Burg Ralow

An der Westseite Rügens, dem Kubitzer Bodden, liegt das Gut Ralow; hier stand vor Zeiten die Burg Ralow, die mit einem Wall und einem breiten, tiefen Graben umgeben war. Schon zu heidnischen Zeiten war diese Burg eine starke Festung, in der ein berüchtigter Seeräuber, namens Rolwiek sein Raubnest hatte. Nachdem er viele Jahre sein Unwesen getrieben, wurde er endlich vom Fürsten Jaromar I. gefangengenommen und seine Burg im Jahre 1182 zerstört.

Rolwiek hatte zwei Schwestern, Jutta und Agathe, die ihren Bruder zärtlich liebten. Als er gefangengenommen und seine Burg zerstört worden war, entflohen sie in die Nachbarschaft und erhängten sich aus Gram. Jutta ging auf einen Berg und Agathe unweit davon in ein Gehölz. Der kleine Berg, nunmehr die Anhöhe in der Nähe der Priebowschen Wedde, rechts vom Wege nach Landow, heißt danach noch der „Juttenberg“ und das Gehölz das „Agathenholz“.

Die Entstehung der Volkstracht der Mönchguter

Im Jahre 1295 wurde die damals Reddevitz genannte Halbinsel, das jetzige Mönchgut, von dem Besitzer, dem Herrn zu Putbus, an das Zisterzienserkloster Hilda (Eldena) in Pommern für ein von den Mönchen erhaltenes Darlehen verpfändet. Das Land, das von nun an „Mönnicke Gode“ (= Mönchgut) hieß, blieb lange Zeit im Besitz des Klosters. Die Mönche erstrebten größtmögliche Selbständigkeit für ihre Untertanen an, die sie teils aus Paderborn hatten kommen lassen, und hielten sie vom Verkehr mit der Außenwelt fern. Hierdurch bürgerte sich bald bei den Bewohnern Mönchguts eine eigenartige Volkstracht ein, die nicht dem Wechsel der Mode unterworfen war, und die sich zum Teil bis auf die Jetztzeit erhalten hat. Ebenso findet man in Sprache, Sitten und Gebräuchen der Mönchguter, die sich als ganz besonderer Menschenschlag kennzeichnen, manches Volkstümliche erhalten; auch gibt es auf Mönchgut noch zahlreiche alte Bauernhäuser, mehr als in irgend einer anderen Gegend Rügens.

Die sieben Steinreihen auf der Prora

Die Halbinsel Jasmund hing vor der Aufschüttung des Chausseedamms bei Lietzow nur durch die Landenge Prora oder der „Schmalen Heide" mit dem eigentlichen Rügen zusammen. An der Seite der Prorer Wiek sind sieben Steinreihen, die so hoch liegen, daß bei gewöhnlichem Wasserstand die See nicht heran kann, und doch sehen sie aus, als seien sie von den Wogen geglättet worden. Man erzählt sich, daß in ganz alten Zeiten der Wind einmal sieben Jahre lang aus Nordosten geweht und jedes Jahr eine dieser Steinreihen angesetzt habe.

Claus Störtebeker und Gödeke Michel

Zu Ende des 14. Jahrhunderts hauste lange Zeit auf der Ostsee eine Bande gefährlicher Seeräuber, die sich „Victualienbrüder" oder „Vitalienbrüder" nannten, weil sie nur von Raub und Beute lebten; auch nannten sie sich „Liekendeeler", da sie alle Beute zu gleichen Teilen unter sich verteilten. Die Anführer dieser Bande waren Claus Störtebeker und Gödeke Michel.

Jener war aus der Stadt Barth in Pommern gebürtig, der letztere, der im Volksmund jetzt noch „Gätmichel" heißt, soll von der Insel Rügen stammen.

Diese Räuber trieben ihr böses Gewerbe auf der ganzen Ostsee; sie hatten eine Menge Niederlassungen und geheime Schlupfwinkel, in denen sie sich verbargen, wenn sie mit zu großer Übermacht verfolgt wurden. Manchmal bewohnten sie die große Höhle unter dem Waschstein bei Stubbenkammer, die damals noch niemandem weiter bekannt war; auch hatten sie ein festes Schloß auf dem Zingst, wo man am Prerower Strom noch jetzt die Trümmer einer Burg sieht, die von den Einwohnern für das ehemalige Schloß der Seeräuber gehalten wird. Die Lübecker, die von den Seeräubern viel zu erleiden hatten, haben es zu Anfang des 15. Jahrhunderts zerstört.

Die Stelle auf der Darßer Seite des Prerower Stromes, wo sie gelandet sind, heißt noch jetzt der „Lübecker-Ort". Die Schätze der Seeräuber sind jedoch bei der Zerstörung der Burg nicht gefunden worden und sollen noch unter den Trümmern verborgen liegen. Diese Überlieferung hat in früheren Zeiten manchen Darßbewohner zu nächtlichen Schatzgräbereien veranlaßt, jedoch ist niemals etwas von der Hebung jener Schätze bekanntgeworden.

Der Räuber selber konnte man lange Zeit nicht habhaft werden, sie entkamen stets allen Verfolgungen, was sie den Gebeinen eines heiligen Märtyrers zu verdanken glaubten, die sie aus einem Kloster an der spanischen Küste geraubt hatten und beständig mit sich führten.

Endlich aber, nachdem sie über dreißig Jahre ihr Unwesen getrieben hatten, gelang es den Hamburgern, mit einer großen Seemacht die ganze Bande nach blutiger Schlacht gefangenzunehmen. Zuerst überwältigten sie Claus Störtebeker mit 711 Gefährten, dann Michel Gödeke mit noch achtzig, die alle in Hamburg hingerichtet wurden. Claus Störtebeker hat dem Hamburger Senat angeboten, den Rathausmarkt mit harten Talern pflastern zu lassen, wenn ihm das Leben gelassen würde. Das nutzte ihm jedoch nichts; der Bürgermeister Simon von Utrecht hatte ihnen allen das Todesurteil gesprochen und ließ sie in ihren Prunkgewändern zum Richtplatz führen.

Aus der Beute, die bei ihnen gemacht wurde, ließen die Hamburger eine goldene Krone und einen großen goldenen Becher anfertigen. Die Krone hat lange den Nicolaikirchtum geziert, der Becher soll sich noch im Stadtschatz befinden.

Der Nonnensee bei Bergen

In der Nähe der Stadt Bergen auf Rügen liegt ein See, ungefähr eine Viertelmeile groß. Seinen Namen „Nonnensee“ hat er erhalten, weil vor Zeiten an der Stelle ein Nonnenkloster stand, das dort versunken sein soll, woraus der See entstanden ist. Am Pfingstmorgen will man tief unten im See die Klosterglocken gehört haben; auch wird behauptet, der See müsse alle Jahre sein Opfer haben, und des Nachts sei es an seinen Ufern nicht geheuer.

Die Töverschen (Hexen, Zauberer)

Es gab ehemals Menschen auf Rügen, die in dem Ruf standen, das Vieh behexen zu können und „Molkentöversche“ hießen. Wo sie sich vor fremden Türen und bei fremdem Vieh sehen ließen, gab es Unheil; sie vergruben Eier und andere Dinge im Feld und trieben damit Gaukelkünste. Fast immer aber befaßten sich nur alte Weiber damit. Zur Abwehr der Zauberei fand man in den Bauernhäusern zu alten Zeiten Alraunen, Taufkerzenwachs und dergleichen aufbewahrt. Die Gastwirte trieben Unfug mit Diebesdaumen und anderen Totenknochen, die sie in die Biertonnen oder unter die Biergestelle legten, was jedoch, wenn es bekannt wurde, streng bestraft wurde. Eine eigentümliche Sitte der wendischen Rügener war es, am Abend des 30. April – der Walpurgisnacht –, die auf Rügen die „Wolbrechtennacht“ genannt wurde, mit großen Feuerbränden auf den Feldern herumzuleuchten. Dies war das „Mölkentöverschenbrennen“, wobei oft Schaden auf fremden Feldern an den Saaten und auf den Wiesen verursacht wurde.

Man war der Meinung, daß besonders in der ersten Mainacht die Hexen herumschwärmten und nur durch Feuer vertrieben werden konnten.

Der Dobberworth

Auf Rügen finden sich noch viele Hünengräber erhalten. Sie sind teils von sehr großen Steinen errichtet, zu deren Anhäufung außerordentliche Kräfte erforderlich gewesen sind. Andere bestehen nur aus Erde und gleichen kleinen Bergen. Man glaubte daher nicht, daß sie von gewöhnlichen Menschenhänden hergestellt seien, sondern neigte zu der Behauptung, die Riesen und Riesenweiber, die in uralten Zeiten die Insel bewohnt haben sollen, hätten sie aufgebaut.

Das größte Hünengrab Rügens ist das am Südende des Marktfleckens Sagard gelegene, der „Dobberworth" genannt. Es heißt, unter diesem sei eine Riesin begraben, eine andere Riesin habe ihr dieses Grab errichtet, indem sie Erde und Steine dazu ganz allein aus der Stubnitz hergetragen habe.

Von demselben Grab geht noch eine andere Sage: Vor undenklichen Zeiten lebte auf Jasmund eine Riesin, unter deren Botmäßigkeit die ganze Halbinsel stand; diese hatte sich in einen Fürsten von Rügen verliebt, dem sie sich zum Gemahl antrug. Er aber wollte nichts von ihr wissen und gab ihr einen Korb. Darüber ergrimmte die Riesin so sehr, daß sie ihre sämtlichen Kriegsleute zusammenrief, damit sie den Fürsten zwingen sollten, sie zu heiraten, oder sie sollten sein ganzes Land verwüsten. Die Meerenge zwischen Jasmund und Rügen bei der Lietzower Fähre hinderte sie am schnellen Hinüberkommen. Die Riesin beschloß, sie mit Erde und Steinen auszufüllen, um einen bequemen Übergang zu schaffen. Zu diesem Zwecke ging sie in die Stubnitz und belud ihre ungeheure Schürze mit Erde und Steinen. Als sie damit in die Gegend von Sagard gekommen war, erhielt die Schürze einen Riß, aus dem soviel herausfiel, daß davon der große Hügel, der Dobberworth, entstand.

Die Riesin ging jedoch mit dem noch in der Schürze verbliebenen Rest weiter; bei der Lietzower Fähre angekommen, zerriß die Schürze völlig, und von dem Fallenden entstanden die in der Nähe Lietzows sich befindenden Hügel. Dies sah sie als ein böses Omen an und ließ von ihrem Kriegszug ab.

Das Hünengrab bei Nobbin

Südöstlich vom Dorfe Nobbin auf der Halbinsel Wittow liegt auf hohem Ufer ein längliches Viereck von großen Steinen, in dessen Mitte sich eine Menge kleinerer Steine befindet. Dieser Steinhaufen gilt als ein Hünengrab, unter dem ein vornehmer Heide inmitten großer Schätze begraben sein soll. Der Teufel aber, der diese Schätze bewacht, leidet nicht, daß ein Mensch sich heranwage, sie zu heben. Vor vielen Jahren sahen einmal zwei junge

Leute nachts innerhalb des Vierecks ein helles Feuer lodern; sie begaben sich eilends dorthin und fingen an zu graben, weil sie glaubten, den Schatz nun heben zu können. Jedoch, sie fanden nichts und starben noch in derselben Nacht.

Opfersteine

Am Fuße der sogenannten „Quoltitzer Berge" auf Jasmund breitet sich eine Ebene aus, in deren Mitte ein großer, grauer Granitstein von länglichrunder Form liegt, mit glatt abgeplatteter Oberfläche. Er soll den alten Heiden als Opferstein gedient haben. Auf seiner oberen Seite befindet sich noch eine querlaufende Rinne, unterhalb dieser zwei Vertiefungen, in die der Opferpriester die Gefäße – Blutgrapen – zum Auffangen des Opferblutes gesetzt hat.

In der Nähe des Herthasees sieht man einen ähnlichen Stein, vor dem ein kleiner ausgehöhlter Stein liegt, der zum Auffangen des Blutes gedient hat.

Die Steinprobe

Unweit des Herthasees in der Stubnitz liegt ein großer Granitblock, einer der Opfersteine aus der Heidenzeit, in dem man die Spuren eines großen Fußes und eines Kinderfußes eingedrückt sieht.

Zu der Zeit, als der Herthakult auf Rügen bestand, war einst unter den Jungfrauen, die dem Dienste der Göttin geweiht waren, ein sehr schönes junges Mädchen, namens Wunna. Sie hatte trotz ihres Gelübdes, für immer der weltlichen Liebe zu entsagen, sich heimlich mit einem jungen Ritter verlobt, mit dem sie häufig des Nachts an den Ufern des geheiligten Sees zusammentraf. Die Zusammenkünfte waren nicht lange unbemerkt geblieben, und der Oberpriester der Göttin Hertha erhielt Kunde davon, nur konnte ihm die Person der Schuldigen nicht bezeichnet werden. Er stellte alle Jungfrauen zur Rede, jedoch keine bekannte sich schuldig, auch Wunna nicht. Da rief er die Göttin an, daß sie ihn die Schuldige durch ein Wunder entdecken ließe. Er führte sämtliche Jungfrauen in den Wald zu dem Opferstein und befahl ihnen, eine nach der anderen mit nacktem Fuß auf den Stein zu treten. Sie gehorchten alle, und kein Zeichen war an dem Stein zu bemerken.

Doch als Wunna als Letzte den Stein betrat, offenbarte sich ihr Vergehen. Denn nicht nur ihr eigener Fuß hatte sich in dem harten Stein abgedrückt, sondern auch noch der eines kleinen Kindes. Der Priester war ob dieser Wahrnehmung so ergrimmt, daß er die Sünderin von der Höhe des Stubbenkammer-Felsens ins Meer stürzen ließ. Ein Engel aber nahm sie in seine Arme und trug sie sanft hinunter. Dort harrte ihr Geliebter, der sie auf seinem Schiff in seine Heimat führte, wo er sie zu seiner Gattin machte.

Der Königsstuhl

Die höchste Spitze des Kreidefelsens Stubbenkammer heißt der „Königsstuhl". Hier ist in alten Zeiten den Königen der Insel gehuldigt worden, wobei sie auf einem künstlich aus Erde und Steinen errichteten Stuhl gesessen haben. Die Rügener haben ehemals ihre Könige aus ihrer Mitte gewählt, und zwar den Kühnsten. Zum Beweis seines Mutes wurde jedoch verlangt, daß er von der Seeseite, vom Fuß des Felsens aus, den Stuhl besteige. Der, dem dieses gelänge, solle Herr der ganzen Insel sein. Der Felsen ist mehrere hundert Fuß hoch und an dieser Seite schroff abfallend, so daß das Erklimmen ein schweres Unternehmen war.

Vom König Karl XII. von Schweden heißt es, er sei an der Schluchtseite zum Königsstuhl emporgeklettert und habe von oben eine Seeschlacht beobachtet, die am 8. August 1715 in der Tromper Wiek zwischen Schweden und Dänen stattfand, bei der die Schweden bis Bornholm zurückgedrängt wurden.

Die schwarze Frau auf dem Königsstuhl

Einst herrschte auf Rügen eine Fürstin, die große Reichtümer besaß und in steter Sorge lebte, sie möchten ihr gestohlen werden. Da kam sie endlich zu dem Entschluß, alle ihre Kostbarkeiten in dem Kreidefelsen der Stubbenkammer vergraben zu lassen. Die Diener aber, die diese Arbeit verrichten mußten, ließ sie töten, damit sie nicht verrieten, wo die Schätze verborgen seien. Zur Strafe hierfür muß sie nun noch immer im Felsen Wache halten. Alle Jahre in der Johannisnacht kommt sie aus dem Inneren hervor, schwarz gekleidet und verschleiert, und setzt sich auf den Königsstuhl; dort wartet sie bis zum ersten Morgengrauen, ob nicht jemand kommen will, die Schätze zu heben und damit sie zu erlösen. Auf welche Weise dies geschehen muß, ist nicht überliefert.

Die Jungfrau am Waschstein bei Stubbenkammer

Dicht unter Stubbenkammer ragt, nahe am Strand, ein großer, erratischer Block aus dem Wasser hervor, der „Waschstein“ genannt. Unter ihm soll sich eine Höhle befinden, in der Störtebeker, der verwegenste Seeräuber des 14. Jahrhunderts, den größten Teil seiner geraubten Schätze aufbewahrte. Dorthin zog er auch zeitweise mit seiner ganzen Bande, um von den Raubzügen auszuruhen, denn keiner seiner Verfolger kannte diesen Zufluchtsort, in dem er sich vor allen Nachstellungen sicher wusste.

In der Nähe dieser Höhle soll es noch immer nicht ganz geheuer sein; allnächtlich kommt eine trauernde Jungfrau daraus hervor, die ein blutgetränktes Tuch in der Hand trägt. Sie neigt sich beim Waschstein über das Wasser und wäscht das Tuch; es gelingt ihr jedoch niemals, das Blut herauszubekommen, und seufzend geht sie in die dunkle Höhle zurück.

Auf einem seiner Raubzüge nach Livland hatte Störtebeker eine vornehme Jungfrau aus Riga gefangengenommen, als sie eben im Begriff war, sich zu ihrer Hochzeit mit einem Rigenser zu schmücken. Störtebeker führte sie fort, und obwohl der deutsche Ordensmeister ihn mit vielen Schiffen verfolgte, entkam er doch mit seiner kostbaren Beute, die er in der Höhle unter dem Waschstein verbarg.

Als er im Jahre 1402 sich wieder zu einem Raubzug rüstete, ließ er die Jungfrau mit all seinen Schätzen in der Höhle, die er verschloß, zurück. Von diesem Zug kehrte er nicht wieder, denn er wurde im selben Jahr mit 711 seiner Raubgenossen von den Hamburgern nach einer blutigen Schlacht gefangengenommen und nach Hamburg gebracht, wo sie alle enthauptet wurden.

Die Jungfrau aber, die niemand befreien konnte, mußte in der Höhle elendiglich umkommen; doch noch immer hat sie bei den Schätzen, die sie bewachen muß, keine Ruhe.

Vor vielen, vielen Jahren sah sie einmal ein Fischer, als sie um Mitternacht am Waschstein sich vergebens mühte, das blutige Tuch reinzuwaschen. Durch ihre wunderbare Schönheit angezogen, nahm er seinen Mut zusammen, ruderte zu ihr heran und sagte: „Gott helf, schöne Jungfrau! Was machst du so spät hier allein?" Die Jungfrau verschwand sogleich, ohne zu antworten. Der Fischer aber war wie in einem Bann, so daß er nicht von der Stelle konnte und bis zur nächsten Mitternacht dort warten mußte.

Dann sah er die Jungfrau wieder; sie kam aus dem Kreidefelsen hervor, trat auf ihn zu und sprach: „Weil du ‚Gott helf!' zu mir gesagt hast, ist dein Glück gemacht. Folge mir!" Darauf ging sie in den Felsen hinein, und er folgte ihr in eine weite, große Höhle, von deren Vorhandensein er nie etwas geahnt hatte. Darin waren unermeßliche Schätze an Gold, Silber, Edelsteinen und allen erdenklichen Kostbarkeiten aufgehäuft. Während er noch ganz im Anblick dieser Herrlichkeiten versunken stand, hörte er plötzlich Ruderschläge von der See her. Als er sich danach umschaute, sah er ein großes, schwarzes Schiff von altertümlicher

Bauart, wie er es nie gesehen hatte; diesem entstiegen viele Hundert Männer, alle in dunkler, alter Tracht und ihr Haupt unter dem Arm tragend. Sie schritten still in die Höhle hinein und fingen an, in den Schätzen zu wühlen und sie zu zählen. Diese unheimlichen Gestalten waren die Geister des enthaupteten Störtebeker und seiner Raubgesellen, die zur Strafe für alle begangenen Verbrechen jede Nacht zu der Höhle kommen mußten, ihren Raub zu zählen. Nachdem sie lange darin gewühlt hatten, gingen sie so lautlos, wie sie gekommen waren, wieder hinaus und verschwanden mit dem Schiff.

Die Jungfrau füllte einen Krug mit Gold und Edelsteinen für den Fischer, so viel, daß er zeitlebens Reichtümer genug haben würde. Dann geleitete sie ihn zu seinem Boot; als er sich nun zu ihr wendete, ihr zu danken, war sie plötzlich samt der Höhle verschwunden.

Die schwarze Frau in der Stubbenkammer

Der Kreidefelsen Stubbenkammer birgt eine tiefe Höhle, die „Höhle der schwarzen Frau“ genannt, zu der ein steiler Pfad tief in den Felsen hineinführt. Hierin sitzt seit undenklichen Zeiten eine Frau, die auf ewig hineingebannt ist. Ehemals bewachte sie einen goldenen Becher, und oben auf dem Felsen hielt eine weiße Taube Wache.

Vor Hunderten von Jahren kam einmal ein Schiff auf Stubbenkammer zugesegelt, dem viele fremde Männer entstiegen, die am Fuße des Felsens landeten. Sie fragten nach der Höhle der schwarzen Frau, und als sie den Weg dorthin erfuhren, gingen sie den steilen Pfad hinauf. Sie führten einen Verbrecher mit sich, der in seiner Heimat zum Tode verurteilt war, vom König aber begnadigt werden sollte, wenn er ihm den goldenen Becher holen würde, den die schwarze Frau in der Stubbenkammerhöhle bewachte.

In der Nähe der Höhle angekommen, lösten die Männer dem Missetäter die Fesseln und befahlen ihm, allein in die Höhle hineinzugehen. Diese stand offen und war voller Flammen, daß die Hitze darin kaum zu ertragen war. Inmitten der Glut saß unbeweglich eine Frau in schwarzen Gewändern, deren Antlitz von einem dichten schwarzen Schleier verhüllt war; neben ihr lag der Becher von glänzendem Gold, den sie hütete. Der Eindringling schritt schnell auf sie zu und griff nach dem Becher. Da bewegte sie sich und sagte mit klagender Stimme: „Wähle recht, fremder Mann! Wenn du recht wählst, bin ich auf ewig Dein." Er aber hörte nicht darauf und eilte, mit dem Becher aus der furchtbaren Glut hinauszukommen. Daß er sie hatte wählen sollen, um sie zu erretten, kam ihm nicht in den Sinn. Beim Hinauseilen hörte er sie seufzen und klagen: „Wehe mir! Nun kann mich keiner mehr erlösen!" Im selben Augenblick verschwand die Taube auf dem Felsen; statt ihrer sah man einen Raben, der dort jetzt ewige Wache hält.

Die schwarze Frau in der Höhle aber jammerte so laut, daß alle Männer, als der Verbrecher ihnen den Becher übergab, sie hörten. Von Grauen und Entsetzen erfaßt, trugen sie den Becher in die Kirche zu Bobbin, wo er bleiben sollte, weil sie hofften, dadurch die Frau erlösen zu können.

Prinzessin Swantevite

In der Nähe der Stadt Garz auf Rügen ist ein kleiner See gelegen, neben dem früher ein Schloß der heidnischen Könige gestanden hat. Als dieses vor bald 800 Jahren von den Christen genommen und zerstört worden, lebte darin ein Heidenfürst, der sehr reich und geizig war und nur daran dachte, seine Schätze an Gold und Edelsteinen zu bewachen. Er hatte sich ein großes Gemach tief unter dem Schloß zur Aufbewahrung seiner Schätze eingerichtet, in dem er sich beständig aufhielt, um im Gold wühlen zu können. Bei der Zerstörung des Schlosses wurde er darin verschüttet und mußte elendiglich Hungers sterben. Weil aber seine Seele von dem irdischen Gut nicht scheiden konnte, wurde er in einen schwarzen Hund verwandelt, der nun immerdar die Schätze bewachen muß. Zuweilen soll er in menschlicher Gestalt, mit Helm und Panzer angetan, auf einem Schimmel über die

Stadt und über den See reiten. Statt des Helmes trägt er auch wohl eine Krone. Man will ihn nachts im Garzer Holz auch an dem Weg nach Poseritz gesehen haben, mit schwarzer Pudelmütze auf dem Kopf und einem weißen Stab in der Hand.

Auf welche Weise dieser alte Heidenfürst erlöst werden könnte, berichtet Folgendes:

In Bergen wohnte zu späterer Zeit ein König von Rügen, der eine sehr schöne Tochter namens Swantevite hatte, um die sich viele Prinzen bewarben. Ihr gefiel aber nur der Prinz Peter von Dänemark, der ihr verlobter Bräutigam wurde, und bald sollte die Hochzeit sein. Darüber ärgerte sich ein polnischer Prinz, einer der abgewiesenen Freier, von tückischem, boshaftem Sinn. Er brachte das Gerücht unter die Leute, die Prinzessin führe ein unzüchtiges Leben, und er wußte es so glaubhaft zu machen, daß alle ihm trauten. Ein Gast nach dem anderen reiste vom Königshof fort, und der Prinz von Dänemark wollte nichts mehr von der Verlobung wissen. Selbst der Vater Swantevites glaubte an ihre Schuld; im Zorn schlug er sie unbarmherzig, riß ihr das Haar aus und sperrte sie in einen finsteren Turm, damit sie ihm nie wieder vor Augen käme.

Länger als drei Jahre wohl saß die Prinzessin in dem dunklen Turm und härmte und quälte sich vergebens, wie sie ihrem harten Vater ihre Unschuld beweisen möchte. Da fiel ihr endlich der alte Heidenfürst ein, und wie er erlöst werden könnte. Dies soll nämlich geschehen können, wenn eine reine Jungfrau den Mut hat, in der Johannisnacht zwischen zwölf und ein Uhr nackend und einsam den Schloßwall am Garzer See zu ersteigen und darauf rückwärts so lange hin und her zu gehen, bis sie gerade auf die Stelle trifft, unter der, bei Zerstörung des Schlosses, die Tür und Treppe zur Schatzkammer verschüttet wurden. Sie wird dann ohne Schaden hinuntergleiten und darf so viel Gold und Edelsteine nehmen, als sie tragen kann und damit bei Sonnenaufgang wieder zurückgehen.

Was sie selber nicht tragen kann, wird ihr vom alten Fürsten nachgetragen, so daß sie zeitlebens Gold und Gut genug haben wird. Sie darf sich aber während der ganzen Zeit kein einziges Mal umsehen und kein Wort sprechen, sonst gelingt es ihr nicht, und sie kommt elendiglich um; ebenso ergeht es ihr, wenn sie sich einer Schuld bewußt ist.

Die Prinzessin Swantevite gedachte, dieses Wagnis zu unternehmen, um dadurch ihrem Vater und der ganzen Welt zu beweisen, daß sie rein und unschuldig sei, und daß der schlechte Pole sie belogen hatte. Sie ließ deshalb dem König ihr Vorhaben mitteilen und um seine Erlaubnis dazu bitten, die ihr gewährt wurde.

In der bald folgenden Johannisnacht ging sie allein von Bergen nach Garz, und als es vom Kirchturm Mitternacht schlug, warf sie ihre Kleider ab und betrat den Schloßwall, auf dem sie rückwärts auf und ab schritt, mit einer Johannisrute, die sie mitgenommen hatte, den Boden berührend. Nach kurzer Zeit tat sich der Boden auf, und sie glitt langsam tief hinein, bis in einen großen, durch viele Lichter erleuchteten Saal, in dem es heller war als am klarsten Mittag. Die Wände des Saales waren von weißem Marmor mit Diamantenspiegeln, und der Boden lag voller Gold, Silber und Edelsteinen in hohen Haufen. Hinten in einer Ecke hockte ein kleines, graues Männchen, der alte Heidenfürst, der seine Schätze hütete. Er winkte ihr zu, um ihr Mut zu machen. Swantevite aber fürchtete sich nicht und begrüßte ihn mit der Hand, ohne zu sprechen. Da erschienen plötzlich eine Menge festlich gekleideter Diener und Dienerinnen, die sich Hände und Taschen mit den Kostbarkeiten füllten; ebenso tat auch die Prinzessin. Als sie genug hatte, trat sie ihren Rückweg an, und alle Diener und Dienerinnen folgten ihr. Als Swantevite bereits viele Stufen hinaufgestiegen war, sorgte sie sich, ob jene ihr mit den Schätzen folgen würden, und sie wandte sich um, nach ihnen zu sehen. Da verwandelte sich plötzlich der alte Heidenfürst in einen großen, schwarzen Hund, der mit feurigem Rachen und glühenden Augen auf sie zusprang. Sie rief in Angst und Entsetzen aus: „Oh Herrje!“ Darauf schlug die Tür über ihr mit lautem

Krachen zu, die Treppe versank, und Swantevite fiel in den großen Saal hinein, in dem alle Lichter plötzlich erloschen waren. Darin sitzt sie nun schon viele Hundert Jahre lang und muß die Schätze mitbewachen.

Sie kann nur erlöst werden, wenn ein reiner Jüngling es wagt, in der Johannisnacht in derselben Weise, wie sie es tat, auf den Garzer Schloßwall zu gehen und in die Schatzkammer hinabzufallen. Er muß sich dreimal vor der Prinzessin verneigen, ihr einen Kuß geben und sie dann still an der Hand hinausführen. Sprechen darf er dabei kein Wort. Wer sie so herausbringt, der wird ihr Gemahl werden und so viele Schätze erwerben, daß er sich ein ganzes Königreich kaufen kann.

Viele sollen schon dieses Wagnis versucht haben, aber keiner von ihnen ist je zurückgekommen. Man sagt, der alte schwarze Hund sei so schrecklich, daß alle, die ihn sehen, vor Entsetzen laut schreien müßten; dadurch sei immer alles verloren. Zuletzt soll noch vor ungefähr zweihundert Jahren ein Schuhmachergeselle auf diese Weise verschwunden sein.

Der Bettler auf der Oie

Zu Anfang des 19. Jahrhunderts war einmal ein so strenger Winter, daß die Ostsee meilenweit mit starkem Eis bedeckt war. Dies bewog einen alten

Bettler von Peenemünde (an der pommerschen Küste) bis zu der, über eine Deutsche Meile entfernten, in der Ostsee liegenden kleinen Insel Oie, über das Eis zu gehen, um dort zu betteln. Er kam unbemerkt auf der Insel an, die zu der Zeit nur drei Häuser mit insgesamt dreißig Einwohnern hatte. An die offene Tür des ersten Hauses, an das er gelangte, stellte er sich hin und fing nach Bettlerart an, ein kurzes Gebet herzusagen und darauf ein frommes Lied zu singen. Auf solche Weise hatten die Insulaner das Wort Gottes noch niemals gehört, auch war in den letzten dreißig Jahren kein Bettler auf die Oie gekommen. Alle, die im Hause waren, kamen zu dem armen Mann heraus, holten ihn in die warme Stube hinein, wo er bewirtet und reichlich beschenkt wurde. Dann führten sie ihn zum nächsten Haus, wo er wieder beten und singen mußte, und von dort wurde er von allen zum dritten Haus begleitet, so daß hier sämtliche Insulaner, groß und klein, Herrschaft und Gesinde, um ihn versammelt waren. Alle überschütteten ihn mit Geschenken, Kleidern und Lebensmitteln, daß er nicht imstande war, alles fortzutragen. Auch Geld erhielt er sehr viel, mehr als er gehofft hatte. Als er endlich die Insel verließ, waren die Leute fast traurig, und er mußte ihnen versprechen, bald wieder zu kommen.

Das Neue Tief

Der Überlieferung nach ist Rügen ehemals mit dem Festland verbunden gewesen. Dort, wo die Halbinsel Mönchgut sich in die See erstreckt, hat es mit der Insel Ruden, die mitten im Bodden liegt, sowie mit Pommern zusammengehangen. Bei einer starken Sturmflut in ältester Zeit ist es an der Südseite von Ruden vom Festland losgerissen. Nach Zurückweichen der Fluten hat sich ein schmaler Strom dazwischen gebildet, den ein Mann überspringen konnte; später hat man in dem Strom einen Steg von Pferdeschädeln und anderen Tierknochen gemacht, über den man von Pommern nach Rügen gehen konnte.

Das ewig wühlende Meer und viele Sturmfluten spülten immer mehr Land fort und erweiterten die Wasserstraße. Im Jahre 1304 wütete in der ganzen Ostsee ein gewaltiger Orkan, verbunden mit Hochflut, der an den Küsten furchtbare Verheerungen anrichtete, Häuser und Kirchen umwarf, Wälder niedermähte und große Landstrecken ins Meer riß. In einer Nacht wurde Ruden von Mönchgut losgerissen; zwei Kirchspiele, Carven und Ruden, versanken. Es blieb nur das Stückchen Land, die jetzige kleine Insel Ruden davon übrig, an der im Laufe der Jahrhunderte das Meer noch beständig genagt hat.

Das Fahrwasser, das auf diese Weise zwischen Rügen und Ruden entstanden ist, wird das „Neue Tief" genannt.

Die neun Berge vor Rambin

Eine viertel Meile vom Dorfe Rambin entfernt, an der Feldmark der Dörfer Rotenkirchen und Götemitz auf Rügen, befinden sich auf flachem Felde neun kleine Hügel, wie Hünengräber, die Neun Berge bei Rambin genannt. Man erzählt über ihre Entstehung folgendes: Vor langer Zeit lebte auf Rügen ein Riese, der oft auf dem Festland Pommern zu tun hatte. Den verdroß es sehr, daß Rügen eine Insel war, und daß er immer durchs Wasser waten mußte. Er beschloß, dem abzuhelfen. Deshalb ließ er sich eine ungeheure Schürze anfertigen, die er um seine Hüften band und mit Erde füllte, die er in den Gellen werfen wollte, um damit einen Erddamm von Rügen bis Pommern herzustellen. Als er mit seiner Last bis über Rotenkirchen gekommen war, riß plötzlich ein Loch in die Schürze, und es fielen neun Haufen Erde heraus, wodurch die neun Berge bei Rambin entstanden.

Gleiche Entstehungsart haben auch die dreizehn kleineren Hügel bei Gustow; denn als der Riese das Loch in der Schürze zugestopft hatte und bis Gustow gekommen war, riß ein neues Loch hinein, und dreizehn Erdhaufen fielen heraus, die auf dem Feld liegen blieben.

Der geplante Damm wurde nicht fertig; der Riese hatte zu wenig Erde zurückbehalten, die nur noch zur Herstellung des Proßnitzer Hakens und der Halbinsel Drigge reichte. Darüber erboste er sich so sehr, daß er plötzlich tot umfiel.

Die Zwerge in den neun Bergen

Ehemals soll es auf Rügen viele Zwerge gegeben haben; es waren derer drei Arten, weiße, braune und schwarze. Die ersteren waren gut und taten nicht gern jemandem etwas zuleide; besonders menschenfreundlich waren die weißen. Die schwarzen jedoch, die allerlei böse Künste trieben, taugten nichts; sie waren voller Lug und Arglist, und niemand durfte ihnen trauen. Viele Zwerge hielten sich gern in den Bergen der Insel auf, namentlich in den neun Bergen vor Rambin. In sieben Bergen wohnten braune und weiße, in zweien aber schwarze Zwerge. Sie führten dort alle ein fröhliches Leben, hatten Musik und das schönste Essen und Trinken vollauf. Auch liebten sie es, viele Menschenkinder bei sich zu haben; die schwarzen stahlen den Leuten die schönsten Knaben und Mädchen fort und nahmen sie mit sich in die Berge, wo sie ihnen dienen mußten. Bis zu einer gewissen Zeit aber durften sie sie nur behalten, alle fünfzig Jahre mußten sie das herausgeben, was sie bis dahin gefangen hatten. Merkwürdig war es dabei, daß den Kindern, die in den Bergen gelebt hatten, diese Zeit nicht voll an ihrem Alter angerechnet wurde, und daß keiner darin älter werden konnte als zwanzig Jahre, auch wenn er volle fünfzig Jahre darin gewesen war. Wem es gelang, von diesen Zwergen etwas in seinen Besitz zu bekommen, eine Mütze oder irgendeinen anderen Gegenstand, dem mußten sie dienen, und er konnte dann ein sehr reicher und vornehmer Herr werden. So soll mancher sein Glück gemacht haben.

Ernst Moritz Arndt erzählt darüber allerlei Geschichtchen in seinen „*Märchen und Jugenderinnerungen*“, von denen einige hier, dem Inhalt nach, wiedergegeben sind.

Johann Wilde

Im Dorfe Rotenkirchen lebte vor vielen, vielen Jahren ein Bauer mit Namen Johann Wilde. Der wollte gern sehr reich werden und ersann sich eine List: Er ging um Mitternacht zu den neun Bergen bei Rambin, nahm eine Branntweinflasche mit, und legte sich nieder, als wenn er schwer betrunken sei. Als nun die Zwerge aus den Bergen hervorkamen, um auf der Oberwelt zu tanzen, da glaubten sie, er sei wirklich betrunken und nahmen sich nicht sonderlich vor ihm in Acht. Es glückte ihm, einem der Zwerge schnell einen gläsernen Schuh von dem kleinen Fuß zu ziehen, mit dem er eiligst nach Hause lief, wo er ihn sorgfältig verbarg.

In der Nacht darauf ging er wieder zu den neun Bergen und rief laut hinein: „Johann Wilde hat einen schönen gläsernen Schuh, wer kauft ihn?“ Er vermutete, daß der Zwerg bald kommen würde, um seinen Schuh wieder einzulösen, weil er so lange den Fuß bloß haben mußte. Als dieser wieder auf die Oberwelt kommen durfte, verkleidete er sich als ein reisender Kaufmann und ging zu Johann Wilde, dem er den Schuh anfangs für ein Spottgeld abzukaufen suchte. Der jedoch pries seine Ware an und wollte sie nicht billig hergeben, bis der Zwerg ihm die Kunst anzauberte, daß er in jeder Furche, die er pflügte, einen Dukaten finde. Nun erhielt der Zwerg den Schuh zurück. Der Bauer fing schleunigst an, zu pflügen; als er die erste Scholle gebrochen hatte, sprang ihm ein blanker Dukaten aus der Erde entgegen, und immer von neuem, sobald er eine neue Furche anfing. Daher machte er auch bald ganz kleine Furchen und wendete den Pflug um, so oft er nur konnte. Hierdurch wurde Johann Wilde in kurzer Zeit ein so reicher Mann, daß er selbst nicht wußte, wie reich er war; aber es war nicht zu seinem Segen.

Weil er immer noch mehr Geld haben wollte, so pflügte er zuletzt Tag und Nacht und gönnte sich keine Ruhe mehr. Das konnten wohl seine Pferde aushalten, denn er kaufte sich deren eine Menge, damit sie immer frische Kräfte hätten und umso mehr Furchen pflügen könnten; er selbst aber wurde durch die viele Mühe und Arbeit krank und elend, bis er zuletzt hinter dem Pfluge umfiel und vor Entkräftung starb.

Seine Frau und Kinder fanden nach seinem Tode einen ungeheuren Schatz von Dukaten vor; davon haben sie sich große Güter gekauft und sind vornehme Edelleute geworden.

Fritz Schlagenteuffel

Vor vielen Jahren lebte zu Patzig, eine halbe Meile von der Stadt Bergen gelegen, ein armer Schäferjunge, Fritz Schlagenteuffel. Eines Morgens fand er zwischen den Hünengräbern, die dort auf der Heide lagen, ein kleines silbernes Glöckchen. Das rührte von der Mütze eines braunen Zwerges her, der es in der Nacht beim Tanzen im Mondschein verloren hatte. Für den Zwerg war dies ein großer Verlust, denn neben der Mütze selbst oder ihren Schuhen gab es für die Zwerge keinen schlimmeren Verlust als den des Glöckleins, das sie an der Mütze trugen und des Spängleins an ihrem

Gürtel. Sie konnten nicht eher wieder schlafen, als bis sie das Verlorene wiedererlangt hatten.

Darum grämte sich der Zwerg sehr, der das von Fritz Schlagenteuffel gefundene Glöcklein verloren hatte. Um sein Unglück vollzumachen, durfte er in der nächsten Zeit nicht wieder aus seinem Berge heraus, da die Zwerge nicht immer, sondern nur an wenigen Tagen und Nächten an die Oberwelt kommen durften. Als er endlich heraus kam, war sein Erstes, nach dem Verlorenen zu suchen. Lange aber suchte er vergeblich, denn der Finder war unterdes von Patzig nach Unrow bei Gingst gezogen, wo er Schäferknecht geworden war. Der Zwerg kam nun auch hierher und hörte schon von weitem den Ton seines Glöckleins, mit dem der Schäfer, der auf dem Felde seine Schafe hütete, klingelte. Geschwind verwandelte er sich in eine arme, alte Frau und versuchte, es dem Schäfer mit glatten Worten abzuschwatzen. Das glückte ihm jedoch nicht, denn Fritz Schlagenteuffel wollte das hübsche, hellklingende Ding nicht hergeben. Da zog der Zwerg ein weißes Stäbchen hervor, das er ihm für das Glöckchen anbot, indem er sagte, mit diesem Stäbchen ließe sich allerlei Zauberei ausüben. Darauf ging der Schäfer endlich ein, und er gab dem Zwerg dessen Eigentum zurück.

Das weiße Stäbchen war wirklich ein Zauberstab; alles Vieh, was er damit trieb, wurde vier Wochen früher fett und gab zwei Pfund Wolle mehr als anderes Vieh. Dadurch wurde Fritz Schlagenteuffel in wenigen Jahren der reichste Schäfer auf ganz Rügen, kaufte sich später das Rittergut Grabitz bei Rambin und wurde ein Edelmann, dessen Nachkommen noch leben sollen.

Der leichte Pflug

Auf der Insel Rügen war einmal ein Bauer, der fand eines Morgens auf einem am Wege stehenden steinernen Kreuz einen schönen, blanken Wurm, der hin und her lief, als hätte er große Angst und gern fort wolle und nicht könne. Der Bauer sah dies eine Zeitlang voller Bewunderung an, zuletzt fiel ihm ein, daß die Rügener Zwerge, wenn sie zufällig an etwas Geweihtes kämen, daran festgehalten würden und nicht von der Stelle könnten. Dies sei sicher ein Zwerg, der nicht vom Kreuz abkommen könne, und vielleicht ließe sich Vorteil daraus ziehen. Er fing also den Wurm ein und hatte richtig vermutet, denn sobald er ihn in der Hand hielt, verwandelte er sich sofort in einen kleinen schwarzen Zwerg. Dieser krümmte und wand sich gewaltig und machte alle möglichen Versuche, dem Bauern zu entschlüpfen; doch der packte ihn fest mit seinen derben Fäusten und sagte: „Nur immer still, Du schwarzer Gesell, umsonst lasse ich Dich nicht los! Du kommst nicht eher wieder zu den Deinigen, als bis Du mir versprichst, einen Pflug zu machen, der so leicht ist, daß das kleinste Füllen ihn ziehen kann.“

Die schwarzen Zwerge waren böse und tückisch und gönnten den Menschen nichts Gutes. Der zappelnde Gefangene antwortete daher dem Bauern gar nicht und dachte, dem würde die Zeit schon lang werden, endlich müsse er ihn doch freigeben. Sein tückisches, eigensinniges Schweigen reizte den Bauern zuletzt so sehr, daß er das kleine Wichtchen schlug und kniff, daß dem das Blut vom Leibe floß. Das alles half nichts; dann nahm der Bauer ihn mit nach Hause, setzte ihn in einen eisernen Kochtopf, dessen Deckel er zuband, und stellte ihn in eine kalte Kammer. Als nun der Zwerg fror, daß ihm die Zähne klapperten, gab er klein bei und versprach, den Pflug zu liefern. Darauf ließ der Bauer ihn frei, denn er wußte, daß ein Zwerg, und sei es auch der böseste, sein einmal gegebenes Wort halten müsse. Am anderen Morgen stand wirklich ein schöner, eiserner Pflug von natürlicher Größe vor der Tür; dieser war so leicht, daß ein Hund, selbst ein Kind sogar ihn ziehen und das schwerste Land damit pflügen konnte. Der Bauer ist dadurch ein sehr reicher Mann geworden.

Jochen Schulz

Zur selben Zeit lebte auf Rügen ein Jägersmann, Jochen Schulz geheißen, der später als Kirchenvogt zu Barth gestorben ist. Der war bisher immer glücklich auf der Jagd gewesen; seit einiger Zeit aber konnte er gar nichts mehr treffen, er mochte so richtig und scharf zielen, wie er nur konnte. Wenn er auch glaubte, das ginge nicht mit rechten Dingen zu, so konnte er doch nicht den Grund ausfindig machen.

Endlich sagte ihm eine alte Bettlerin, die er im Wald beim Reisigsammeln traf, die schwarzen Zwerge hätten ihm gewiß seinen Schuß besprochen, und dafür gebe es keinen anderen Rat, als daß er suche, etwas von den Zwergen in seine Gewalt zu bekommen, wofür sie ihm den Schuß wieder freigeben müßten. Am besten täte er, er schliche zu einer Stelle im Wald, wo die Schwarzen in der nächsten Mitternacht ihre Tänze hätten; er müsse dann eine Handvoll Hagelkörner nehmen und damit nach ihnen werfen, wie man Erbsen ausstreue. Dabei müsse er rufen: „Im Namen Gottes, weiche von mir, Satan!" Was er dabei von den Schwarzen auch nur mit einem Hagelkorn treffe, das müßten sie im Stich lassen. Also tat der Jäger in der nächsten Nacht; als er am anderen Morgen wieder zu der Stelle ging, um zu sehen, was er getroffen hatte, fand er einen schönen silbernen Gürtel auf der Erde liegen, auf dem noch der Fleck vom Hagelkorn zu sehen war, mit dem er ihn getroffen hatte. Es dauerte auch nicht lange, dann kam ein kleiner schwarzer Zwerg zu ihm, dem der Gürtel gehörte; der gab dem Jäger viele gute Worte, um sein Eigentum wieder zu erlangen.

Zuletzt einigten sie sich darauf, daß der Jäger einen Freischuß haben solle, mit dem er zu bestimmten Zeiten, wohin er auch schösse, ein Stück Wildbret erlegen müsse, auch wenn nichts da sei. Dadurch wurde Johann Schulz der beste Jäger im ganzen Lande.

Matthes Pagels

Nicht weit vom Dorfe Lanken auf Rügen, in der Nähe der Granitz, wohnte vor Zeiten ein Bauer mit Namen Matthes Pagels, ein böser, betrügerischer Mensch, der nichts lieber tat, als seinen Mitmenschen Schaden zuzufügen. Einmal hatte er seinem Nachbarn das Land abgepflügt, und als dieser ihn verklagte, schwur Pagels durch einen Eid, daß das Land, so weit er gepflügt habe und noch weiter, ihm gehöre; auch brachte er eine Urkunde darüber bei, so daß sein Nachbar den Prozeß verlor. Pagels aber war ein Hexenmeister und stand mit den schwarzen Zwergen im Bunde, die ihm auch die falsche Urkunde besorgt hatten. Für diese Betrügerei hat ihn aber eine schwere Strafe getroffen. Schon bei Lebzeiten hatte er keine Ruhe mehr und mußte jede Nacht bei Wind und Wetter aus dem Bett heraus und auf dem abgepflügten Lande umgehen und zuletzt dort auf eine Buche klettern, wo er zwei Stunden lang stillsitzen und frieren mußte. Das mußte er auch später noch immer, als er schon viele Hundert Jahre lang tot war. Man sah ihn des Nachts in einem grauen Rock und mit einer weißen Zipfelmütze auf dem Kopf. Oft saß er auch wie eine weiße Eule auf dem Baum und schrie gar jämmerlich. Ein Pferd war in der Nacht nicht an der Stelle vorbeizubringen.

Es gibt noch ein Lied über ihn, das sich in der Gegend erhalten hat:

Pagels mit de witte Mütz,
Wuhr kolt und hoch is doch dien Sitz
Up de hoge Bök,
Up de kruse Eek,
Achtern hollen Tuhn!
Wurüm kannst Du nich ruhn?

Dohrüm kann ick nich rasten,
Dat Papier, dat liggt in'n Kasten,
Un miene arme Seel
Brennt in de lichte Höll!

Die sieben bunten Mäuse

Zu Pudmin auf Rügen lebte einstmals eine Bauersfrau, die hatte sieben Kinder, lauter Mädchen, wovon das älteste zwölf und das jüngste zwei Jahre alt war. Diese waren alle immer gleich gekleidet, trugen bunte Kleider, bunte Schürzen und rote Mützen. Die Frau ging mit ihrem Mann am Karfreitag zur Kirche und ließ die sieben Kinder allein zu Hause. Anfangs verhielten sie sich ganz still; als sie aber hinter dem Ofen einen Beutel mit Äpfeln und Nüssen entdeckten, den die Mutter nachmittags einem kleinen Paten schenken wollte, war es mit ihrer Ruhe vorbei. Sie fielen über den Beutel her und verzehrten alles, was darin war.

Als die Frau aus der Kirche zurückkam, ward sie sehr zornig und, obgleich es Karfreitag war, schimpfte sie heftig. Weil man kleine Diebe auch wohl Mausemärten zu nennen pflegt, so rief sie im Zorn endlich aus: „Der Blitz, ich wollt', daß ihr Mausemärten alle zu Mäusen würdet!"

Diesem gottlosen Wunsch an dem heiligen Tag folgte die Strafe auf dem Fuße, denn kaum hatte sie die Worte gesprochen, so waren plötzlich alle sieben Kinder in Mäuse verwandelt; die liefen in der Stube hin und her, mit bunten Leibern und roten Köpfen. Da erschrak die Frau sehr und wußte nicht, was sie in ihrer Angst anfangen sollte. Als der Knecht in die Stubentür kam, liefen die Mäuse alle durch die geöffnete Tür aus dem Hause hinaus und immer weiter über das Puddeminer Feld, das Günzer, das Schoritzer und endlich über das Dumsewitzer Feld, in einen kleinen Busch hinein. Die Mutter lief ihnen nach und weinte und jammerte, immerfort den lieben Gott bittend, ihr ihre Kinder wiederzugeben; sie konnte die sieben Mäuse aber nicht einholen. In dem Busch hinter dem Dumsewitzer Feld war ein klarer Teich; auf diesen liefen sie alle zu, und erst am Ufer blieben sie stehen und sahen sich um. Da erblickten sie ihre Mutter, die immer näher kam; eine Weile sahen sie hin zu ihr, dann sprangen sie alle auf einmal in den Teich und gingen sogleich unter. Die Mutter wurde vor Schreck über dieses Unglück zu Stein und rührte sich nicht mehr.

Der Busch, in dem solches geschehen ist, heißt seit jener Zeit der „Mäusewinkel". Der Teich ist noch darin, und daran steht ein großer runder Stein, in den die Frau verwandelt wurde. Die sieben bunten Mäuse kommen jede Nacht um zwölf Uhr aus dem Teich heraus und tanzen eine Stunde lang um den Stein herum. Der Stein klingt dann, als wenn er sprechen könnte, und die Mäuse singen dabei:

Herut, herut, du junge Brut!
Din Brüdigarn schall kamen.
Se hebben di doch gor tau früh
Din junges Läwen nahmen.
Sitt de Rechte up'n Steen,
Ward hei Fleesch und Been,
Denn gahn wie mit dem Kranz
Säben Junggesell'n
Uns führen schäll'n
Juchhe, taum Hochtidsdanz!

Man sagt, dies Lied solle bedeuten, daß die Mäuse und die Frau einstmals wieder in Menschen verwandelt werden könnten, was auf folgende Weise geschehen müsse:

Es muß eine Frau sein, genau so alt, wie die Bauersfrau war, als sie aus der Kirche kam. Die muß sieben Söhne haben in demselben Alter der sieben kleinen Mädchen zur Zeit, als sie verwandelt wurden. Wenn die Frau nun mit ihren sieben Söhnen an einem Karfreitag um die Mittagszeit kommt, und sie sich alle auf den runden Stein setzen, dann werden dieser und die sieben Mäuse wieder zu Menschen werden, und sie werden alle genauso aussehen und dieselben Kleider tragen wie vor tausend Jahren zur Zeit ihrer Verwandlung, Wenn dann die vierzehn Kinder groß werden, sollen sie einander heiraten und reich und glücklich werden, und alle Güter und Höfe ringsumher sollen ihnen gehören.

Der Riesenstein bei Nadelitz

Beim Dorf Nadelitz liegt ein ungeheurer Stein, der „Riesenstein“ genannt. Von diesem geht die Sage, daß zu der Zeit, als zu Vilmnitz, eine halbe Meile von Putbus, die erste christliche Kirche gebaut wurde, auf Rügen ein Riese gelebt habe. Es heißt, es sei derselbe gewesen, der die neun Berge bei Rambin aus seiner Schürze habe fallenlassen.

Weil er ein Heide war, verdroß ihn der Bau der Kirche. Er sagte deshalb höhnisch: „Mögen die Würmer nur den Ameisenhaufen bauen! Wenn er fertig ist, werfe ich ihn um!"

Als nun die Kirche dastand und auch der Turm schon ausgeführt war, nahm der Riese einen gewaltigen Stein, stellte sich auf den Putbuser Tannenberg und warf nach der Kirche. In seiner Bosheit aber hatte er den Stein zu mächtig geschleudert, so daß dieser wohl eine Viertelmeile weit über die Kirche hinwegflog, auf die Stelle hin, wo er noch jetzt liegt.

Der Schatz bei Lanken

In der Nähe des Kirchdorfs Lanken auf Rügen, dicht am Walde, liegt ein Schatz in der Erde verborgen, den der Teufel bewachen soll und den noch niemand hat heben können.

In einer dunklen Herbstnacht ritten drei Bauern aus einem benachbarten Dorf, die in Lanken zu einer Hochzeitsfeier gewesen waren, nach Hause.

Am Waldrand sahen sie ein Feuer, als wenn dort ein großer Haufen Kohlen glühe. Sie dachten sogleich, dort müsse die Stelle sein, wo der Schatz vergraben läge, hatten aber keinen Mut, heranzureiten, weil sie den Teufel fürchteten, der den Schatz bewache.

Einer von ihnen jedoch wagte es endlich, ritt hin, ohne ein Wort zu seinen Begleitern zu sagen, sprang vom Pferd und füllte sich die Taschen mit Kohlen, die nicht brannten. Zu Hause angelangt, fand er statt derselben nur tote Mäuse in seinen Taschen. Seine Freunde, denen er davon erzählte, rieten ihm, vorher Salz auf die brennenden Kohlen zu werfen, bevor er sie nehme.

In der folgenden Nacht ritt er wieder zu der Stelle und tat, wie ihm geheißen war, brachte aber diesmal nur schwarze Holzkohlen heim.

Der Schatz soll noch immer dort ruhen, denn keiner kennt das Geheimnis, ihn heben zu können.

Bereits erschienen:

Christian Peter Hansen

SYLTER SAGEN UND ERZÄHLUNGEN

DER Klassiker unter den Syltbüchern!

In C. P. Hansens klassischen Erzählungen wird das wilde, geheimnisvolle Sylt wieder lebendig.

Es ist eine Insel der Hexen und Helden, der Freiheitskämpfer, Geister, Piraten und Strandräuber, in die er seine Leser entführt.

Kunstvoll verwebt Hansen dabei alte Sagen mit historischen Fakten und Selbsterlebtem zu einem vielschichtigen Sylt-Panorama der Vergangenheit.

Sein berühmtes und gesuchtes Buch aus dem Jahre 1875 liegt hier erstmals vollständig in einer sorgfältig und behutsam modernisierten Fassung vor. Wer es liest, wird Sylt zukünftig mit anderen Augen sehen und hinter jeder Düne einen verwunschenen Ort voller Rätsel und Geschichten entdecken!

Edition Syltheld, Band 1.
ISBN 10: 3-932961-87-0.
ISBN 13: 978 -3-932961-87-8.

Julius Rodenberg

STILLEBEN AUF SYLT

„Sylt verdankt Rodenberg das schönste Tagebuch, das über die Insel geschrieben worden ist!"
Manfred Wedemeyer

1859: Sylt befindet sich in einer Phase des Umbruchs. Noch ist die Insel kaum bekannt, und sie scheint den meisten Zeitgenossen nur arm, rauh und unzugänglich zu sein. Dennoch reisen bereits die ersten Kurgäste und Sommerfrischler zu den neueröffneten Westerländer Badeanlagen.

In dieser Zeit des Wandels besucht der bekannte Herausgeber und Schriftsteller Julius Rodenberg zum ersten Mal die Insel und läßt sich von ihr verzaubern. Seine vielfältigen Eindrücke hält er in einem Tagebuch fest, das einen faszinierenden, nostalgischen Einblick in die frühen Tage des Sylter Reisebetriebs gewährt. Lebendig und anschaulich skizziert Rodenberg darin Menschen, Situationen und immer wieder die beeindruckende Natur der Insel.

Sein Reisebericht ist eine der schönsten Liebeserklärungen, die jemals über Sylt geschrieben wurden. Er hat auch heute nichts von seinem Reiz verloren und läßt eine längst vergangene Zeit wieder lebendig werden. Rodenbergs charmantes Buch liegt hier endlich zum ersten Mal in moderner Schrift und einer behutsamen sprachlichen Neubearbeitung vor.

Edition Syltheld, Band 2.
ISBN 10: 3-932961-69-2.
ISBN 13: 978-3-932961-69-4.

Siegfried Jacobsohn

Die ersten Tage

Ein Schriftsteller erlebt auf Sylt den Beginn des Ersten Weltkriegs

Im August 1914 verbringt der Theaterkritiker und Tucholsky-Freund Siegfried Jacobsohn seine Ferien auf Sylt, wie schon viele Jahre zuvor. Doch diesmal ist alles anders. Der Erste Weltkrieg bricht nämlich in jenen Tagen aus und wirft seinen Schatten auch auf das Insel-Idyll.

Es sind die Kleinigkeiten des Alltags, die allmählich eine andere Färbung annehmen und die sich so immer mehr zu einer Ahnung der kommenden Katastrophe verdichten. Mit einer Mischung aus Verzweiflung und Trotz schildert „der brillanteste Stilist seiner Zeit", wie das scheinbar ferne Weltgeschehen dem Inselleben alle Unschuld nimmt.

„Die ersten Tage" ist das vielleicht ungewöhnlichste Sylt-Buch, das je geschrieben wurde. Dieses wertvolle zeitgeschichtliche Dokument wird hier zum hundertjährigen Gedenken an den Ausbruch des Ersten Weltkriegs zum ersten Mal wiederveröffentlicht.

Siegfried Jacobsohn (1881-1926) war der bedeutendste Theaterkritiker des frühen zwanzigsten Jahrhunderts. Als langjähriger Herausgeber der Zeitschrift „Die Schaubühne" (später „Weltbühne") bot er Autoren wie Kurt Tucholsky, Carl von Ossietzky und vielen anderen ein literarisches Forum. Jacobsohn war Demokrat und Pazifist, Verfechter von Meinungsfreiheit und Völkerverständigung. Er gilt als brillantester deutschsprachiger Stilist seiner Zeit.

Edition Syltheld, Band 3
ISBN 10: 3-932961-40-4
ISBN 13: 978-3-93296140-3